AF259630

41
b
48

Lб 41/48

LES FÊTES

DE LA

RÉPUBLIQUE FRANÇAISE.

DRAME HISTORIQUE.

PERSONNAGES :

NAPOLÉON.

MIRABERU.

COQUELICOT.

FOUQUET-TAINVILLE.

BRUTE.

CRASSE.

L'ARMÉE FRANÇAISE.

L'ARMÉE ENNEMIE.

MADAME TALLIEN.

La scène est à Paris, en 1790.

Imprim. de L - E. Herran et Bimont, rue Saint-Denis 380.

LES FÊTES

DE LA

RÉPUBLIQUE FRANÇAISE,

Par **A. H.**

PARIS.

CHEZ BARBA, LIBRAIRE, GALERIE DE CHARTRES,

N. 2 et 3, DERRIÈRE LE THÉATRE FRANÇAIS.

1837.

LES FÊTES

DE LA

RÉPUBLIQUE FRANÇAISE.

SCÈNE PREMIÈRE.

L'intérieur de l'Hôtel-de-Ville, à Paris.

NAPOLÉON, MIRABEAU, FOUQUET-TAINVILLE, MADAME TALLIEN, sur un char orné des drapeaux tricolores; un banquet national, tous y sont à ce dîner; L'ARMÉE FRANÇAISE.

MIRABEAU.

C'est aujourd'hui dimanche, ce soir le jour de la fête de la Fraternité à Paris, que la commune de Paris, célébre la fête de l'Hospitalité, maintenant à l'Hôtel-de-Ville.

NAPOLÉON.

La cérémonie en est touchante, comme son sujet, les malheureux Français tous à peine sortis d'un ressentiment du vainqueur de la France, domptés par des rois, sans asile, ne savent plus où porter leurs têtes françaises ; le lionceau Français sommeillait, il s'est réveillé avec ses griffes, secouant, inventant. fomentant, palpitant de sa queue palpitante de vérité, d'actualité, le lionceau, sa liberté française, le populaire but dans le crâne populaire de sa liberté française, les échos de mes fastes diront, Marengo, les échos de Sattel, Waterlo, j'aurais douze rois, à ma cour d'Europe, parcourant l'Europe à cheval, en un an, Joséphine, ma femme sera appelée par mes soldats la mère du soldat, je vois la nuit, au ciel, à la même heure, minuit, une étoile, une étoile, oui.

MADAME TALLIEN sur son char.

Je suis sur ce char décoré simplement, et modestement, qui me porte, moi, madame Tallien, oui, moi.

FOUQUET-TAINVILLE.

Une division de chaque détachement de l'armée française y assiste, les faisceaux républicains, la Bastille, les statues de Brutus, de la Liberté, de la France, les tables des Droits de l'Homme, le Livre d'Or, sur une bannière tricolore.

Lis ma sentence,
En dépit de la coalition,
Et de l'usurpation,
Le noble ira à la potence,
Tu sais du peuple l'omnipotence,
Ainsi le veut la providence,
Et, aye souvenance,
Que ce ne fut jamais sans émotion,
Que le peuple fit le pétrin de la révolution,
Le tyran passe,
Par Dieu l'immortel,
Sur son char il repasse,
Le peuple est, sera toujours éternel.

La Liberté, la Marseillaise, sur l'air : Allons, enfans de la Patrie.

NAPOLÉON, MIRABEAU, FOUQUET-TAINVILLE, MADAME TALLIEN, L'ARMÉE FRANÇAISE, chantent tous en chœur.

Il brisa le peuple,
La vieille féodalité,

Dans son château de peuple,
Le noble émigré,
Et l'a remplacé,
Par sa jeune liberté,
Il rompit de son épée,
Sous le joug féodal,
Sous le sol natal,
Sa lame ne fut plus trempée,
De son sang de vassal,
Mais dans le sang d'Annibal,
Elle fut palpitante,
De l'actualité,
Son écume fut blanchissante,
Comme la bonté,
Et la beauté,
Qu'elle a inventé.
Tu bois dans son crâne,
Peuple libre souverain,
Mâle est ton organe,
Sous ce platane,
Tu fus suzerain,
L'homme esclave,
L'homme libre chassa ses tyrans,
Il est bien brave,
Il aime les bons vivans,
Avec sa hache,

Il fit un tombeau,
Où il y hache,
Voltaire, Rousseau.
A la lanterne,
Les nobles, ou bien les serfs,
A la poterne,
A ce banquet noble tu nous serfs.
La liberté fomente,
Je l'entends palpiter,
Le peuple l'invente,
Elle est sale à manger,
Plus belle que Cléopâtre,
Que Tallien reine du banquet,
La liberté jamais n'idolâtre,
Mange le roitelet,
L'aristocrate suspect,
Mais le rouge bonnet,
Faisant plus d'un caprice,
Le peuple se souvient de son métier,
La liberté n'est pas novice,
Le peuple est son seul héritier,
Il est guerrier,
Il ne doit jamais l'oublier,
L'amour est la vertu des dames,
Ce qui fait qu'elles remplissent leurs devoirs exactement.
La liberté n'est pas de ces infames.

Pure comme leurs ames,
Elle les accomplit tous honnêtement,
Misérable, tremble,
Disaient les rois,
Il n'y a que le tyran qui tremble, que t'en semble?
L'honnête homme ne tremble pas sous tes lois.
De la France infortunée venez tous,
Par la vaillance signalée,
Combattre avec nous,
Qu'une chaîne éternelle,
Terrase le vainqueur,
Que cette union fraternelle,
Effraye l'usurpateur,
La liberté fugitive,
Fut chassée, je le dis,
Haut je la chéris,
Elle vint sur cette rive,
Planant sur Paris,
Partageons en frères,
De la mort le pain,
Ce sont jours prospères,
Où le vrai Républicain,
Nous tend la main,
L'aristocratie perdue,
Avec la puissance absolue,
Remplacée par des soldats,

Notre ame émue,
L'enverra en d'autres climats.
France notre patrie ,
Verra quelque soit son rang,
Versé contre l'aristocratie ,
Contre la tyrannie,
Elle aime la raillerie,
Et la moquerie,
Et l'amalgame est dans son sang,
Tu dominas l'aristocrate,
Le noble n'était plus bon à rien,
Créant le gouvernement démocrate,
Le peuple prit la place du noble,
Le peuple est l'ami du bien,
Mena sur un char Tallien.
Haïssant l'aristocratie suspecte,
D'actualité palpitant,
Des riches cassa la secte,
Les vit expirant,
Les vit mourant,
Napoléon vit une étoile,
Qui chaque nuit,
Est comme un voile,
Sur son esprit ,
L'armée française,
Vaincra à Marengo,
Sera dompté à Waterlo,

Chantant la Marseillaise,
A de Sattel l'écho.

MIRABEAU.

Je ravis au nez, à la barbe de monsieur de Tallien, bonhomme d'époux, qui peut se vanter d'être malheureux, la séduisante déesse de la raison.

MADAME TALLIEN.

Fouquet-Tainville, tu veux être empereur, suis-moi à la Convention nationale, dont je suis le président, caporal Napoléon Buonaparte, à la Convention.

SCÈNE II.

L'intérieur de la Convention nationale, en forme d'amphithéâtre, des gradins de bois, vingt-mille bougies.

L'ARMÉE FRANÇAISE, MADAME TALLIEN, NAPOLÉON, MIRABEAU, COQUELICOT, avec des coquelicots, FOUQUET-TAINVILLE, sur une chaire curule, brute et crasse, habillés de même, tous deux en Romains avec des manteaux, couronnes de laurier de cuisine, bottes à l'écuyère, gants jaunes, bésicles en pain d'épice.

FOUQUET.

Que l'accusé paraisse à l'instant, pour se justifier à la barre de la Convention nationale, dont je suis le président, le petit caporal, Napoléon Buonaparte.

NAPOLEON à la barre.

Citoyens , Citoyennes .

L'histoire française plus juste que mes accusateurs, ou plutôt mes calomniateurs, m'appèlera par ses fils , sur une statue de bronze , d'airain , Buonaparte Napoléon , le grand homme, premier empereur des Français, etc. Citoyens, vous êtes tous des ganaches, mon armée est d'un million de mâles , qui ne se mouchent pas du pied ; le petit caporal a Cent-Suisses , avec du suif, il va composer une garde d'honneur, ayez souvenance, vous n'avez plus de souvenance de la prise de Toulon, prise par moi, sur les goddem, j'étais à cet assaut, j'ignore si les citoyens, les citoyennes qui sont à la Convention nationale , pour le quart d'heure, assistant à ma justification, y étaient tous à Toulon, j'en vis du moins fort peu, des citoyens, des citoyennes , je n'y vis pas à Toulon, Fouquet-Tainville, l'accusateur public, combien d'or cela te

2

rapporte-t-il par an, vieil avaricieux, beau métier, je préfère ma gloire militaire à ton état.

Citoyens, citoyennes, Fouquet-Tainville a l'insigne honneur d'être l'accusateur public, accusateur public, le vingt-huit frimaire, l'an deux de la République française une, deux, trois, quatre, cinq, six, et bien invisible, l'armée française qui est là présente, prit Toulon, avec moi, par sa force jeune, les Goddem l'ayant prise par trahison.

L'ARMÉE FRANÇAISE.

La mort de Napoléon.

FOUQUET.

La mort de Napoléon.

BRUTE.

Je vends des pommes de terre à l'oseille, elle a bien chauffé le four, ma citoyenne, au pont St.-Michel ; la mort de Napoléon.

CRASSE.

Je tonds chiens, chats, vas-en ville, Pont-Neuf, la mort de Napoléon.

MIRABEAU.

La mort de Napoléon étant injuste,
je donne ma démission d'orateur.

FOUQUET.

La voix de Mirabeau suffit, tu es libre,
et premier consul Napoléon, Cambacérès
second consul, Lebrun troisième consul.

NAPOLÉON.

Ceux qui ont des culottes, du poil, me
suivent à Marengo, en dix jours, nous y
serons, à Marengo, à Marengo.

MADAME TALLIEN.

Citoyens, citoyennes, je suis sur un char
d'or, j'ai le bonnet rouge, habillée en Grec-
que, le manteau de pourpre, jeté négli-
gemment sur l'épaule gauche, des sandales
grecques, la pique de frêne, avec la pointe
d'airain, je représente pour le moment la
déesse de la Raison, je suis déshabillée en
Minerve, avec toute la grace que vous me
connaissez. Minerve fut la déesse de la sagesse; ne dites jamais de bêtises sur la
sagesse de Pallas, et sur la sagesse de

Mad. Tallien. Le décadi vingt brumaire, l'an deux de la République française, ce jour que l'on fête ici, dans ce lieu, en la salle de la Convention nationale, est l'anniversaire de la déesse de la Raison. Voyez ce temple grec, ces colonnes, ces chapiteaux d'ordre corinthien, ces bustes de quatre illustrations, cette tente tricolore, ces guirlandes de fleurs, ces chants de citoyens, de citoyennes, l'arbre de la liberté, cet autel, avec le feu sacré de la liberté, moi, au milieu de tout ce groupe.

SCÈNE III.

L'intérieur du Panthéon, aux grands hommes la France reconnaissante, Napoléon, madame Tallien, l'Armée française.

MADAME TALLIEN.

Le dix nivose an deux de la République française, une et divisible, indivisible ; ce décadi, que l'on enterre, avec Rousseau, Voltaire, dans les caveaux de l'intérieur du Panthéon, point de faste, de luxe, d'or, concorde, cortége nombreux, peuple, soldats, garde citoyenne ; par ses citoyeus,

Paris la ville est gardée , Monceau, arsenal de pucelles , pas du tout pucelles.

Ce char funéraire est traîné par Sophie de Monnier, par moi Napoléon , la canaille , noblesse , armée, les quatorze armées , garde nationale, tous chantant des chants funèbres. Le convoi était précédé de quatorze chars révolutionnaires, portant quatorze défenseurs de la liberté , et quarante jeunes citoyennes, jeunes filles , en blanc, avec des écharpes tricolores, en main des lauriers, deux canons, les Ceut-Suisses, et la garde d'honneur.

Le cortége est parti de l'église de l'Assomption , suivi de la musique militaire, funéraire , pour aller dans l'intérieur du Panthéon, a passé au temple de l'humanité, pour y prendre les Invalides. On y exécuta , tout le long de la route , des chœurs sur des airs différens, la musique s'est tue, tous à genoux firent une prière à haute voix, pour que son ombre atteigne , par Dieu, le cimier du panache de l'immortalité.

Les quatorze chars , avec les quatorze défenseurs de la France . se sont mis en cercle , autour de ce temple des grands hommes de ce Panthéon ; les jeunes citoyennes posant les lauriers dans les mains des quatorze défenseurs de la France, mirent les lauriers sur la tombe d'un grand de plus, et de moins, on y exécute , dans l'intérieur du Panthéon , une symphonie d'Aydn, une hymne, par les deux Chenier, dont la musique est de Gossec.

NAPOLÉON.

Républicains français, citoyens, citoyennes , de tous les fondemens de notre société , je ne sais nulle institution , causant plus de bien à l'humanité , que l'état d'orateurs de mes tribunes parlementaires. Celui-là a pris pour procès , pour son plaidoyer, la plus juste des causes , celle des libertés , et la plus noble des défenses ; il mérita , méritera bien davantage par nos enfans ; oui, citoyens, il mérita bien de la patrie , du plus laid, du plus grand, du dernier : voici le reste , quel reste ! Je nomme Mirabeau , à Marengo.

SCÈNE IV.

L'intérieur de la plaine de Marengo, en Italie.

L'ARMÉE FRANÇAISE, NAPOLÉON, L'ARMÉE
ENNEMIE.

NAPOLÉON.

Vous quittâtes notre France, mes quatorze armées, composées d'un million de soldats français, vrais Républicains, dans l'ame et dans le cœur, ne pensant qu'à un seul écho, qu'à l'écho de Marengo, vous y voilà arrivés enfin aux champs d'honneur de Marengo, prêts à livrer la bataille à l'armée ennemie ; mais que de peines, de sueurs il a fallu essuyer, de vos fronts de soldats, et que de fatigues.

Napoléon fut à la fois soldat et général ; citoyens français, à peine quittâmes-nous la France, tu t'en souviens, du Jura, de l'Helvétie, des Alpes, du passage fameux d'Annibal, de François premier, de l'Italie, de Marengo, à présent, où nous sommes.

L'Armée ennemie, l'Armée autrichienne, avec l'aide du prince Charles, notre général, à Marengo, l'Armée française.

L'ARMÉE FRANÇAISE.

L'armée autrichienne est vaincue à Marengo par l'armée française.

NAPOLÉON, *sous sa tente.*

J'ai le projet de créer des croix d'honneur, non pas du déshonneur, venez sous ma tente, je vous donne la croix d'honneur, Masséna le premier, Ney, Kellermann, Kléber, Berthier, Junot.

L'ARMÉE FRANÇAISE.

C'est avec ces mots que Napoléon gagne des batailles.

SCÈNE V.

La plaine de Vaterlo, en Belgique, l'Armée française, Napoléon, l'Armée ennemie.

NAPOLÉON.

C'est demain matin, à huit heures, malgré la pluie abondante, qui tomba toute la nuit, et toujours continuelle, que je dois engager la bataille dans les plaines de la Belgique , au village de Waterlo , contre cent chances, il y a à parier, sur quatre-vingt-dix-neuf, que je gagnerais, il y en a une seule chance à courir, que je perdrais ; si je perdais, si je perdais le gain de ce combat, je me tuerais à la tête de mes vieux grognards à Waterlo , oui, avec ma garde impériale , oui.

L'ARMÉE FRANÇAISE.

Nous parions cent louis que tu gagneras, notre empereur à tous, Napoléon, premier empereur des Français.

NAPOLÉON.

Je parie cent louis que je perdrai, cela va, cela va.

L'ARMÉE FRANÇAISE.

Notre arme est de soixante mille hommes , et de quarante canons , elle est inférieure en nombre à l'armée ennemie, se composant de Prussiens, ils ont des Prussiens truffés , des balles, des coloquinthes, de choucroute, tout ce galimatias les empêche de marcher, ils marchent lentement parce qu'ils prétendent penser, et être philosophes, philosophe qui va lentement, va sûrement, et va long-temps, toujours, comme leur postérieur, et leurs Prussiens de Prussiens, si notre armée française est inférieure en nombre, elle est, elle sera, elle a été, elle fut toujours supérieure en jeune courage sur l'armée ennemie, les Hollandais ne nous envoyant jamais, pour nos étrennes, que des boulets de canons de fromages de Hollande, du moins nous leur rendons bien par nos boulets de canon, de mitraille, de poudre, ou de leurs valeurs, fromages hollandais cuisinés.

L'ARMÉE ENNEMIE.

Notre armée ennemie, à l'armée française, se compose au total, c'est toujours aux totaux de nos mémoires que nos papas et nos mamans se sont toujours mis en colère, en les voyant, vilains enfans, puis ils payèrent. Notre armée ennemie forme donc en totalité, pour somme totale ; quatre-vingt-dix mille hommes, et cinquante pièces de canon, de plusieurs ca-

libres. Il y a d'abord l'armée anglaise sous
les ordres du général Wellington, le meil-
leur constraste d'Achille, en laideur, en
peur, qu'on l'ait mis sur le pont de Londres,
déguisé sous ce héros, mystification pour
Achille, l'armée prussienne, sous le général Blücher, l'hollandaise, celle de la Belgique, enfin, en dernier, l'autrichienne,
sous le prince Charles, parent de l'empereur d'Autruffe, fils de César Auguste.

NAPOLÉON.

Si je perdais jamais les combats de Waterlo, j'en rougis d'en convenir, cela serait
la première fois qu'il m'arriverait d'ex-
pandre, de verser des pleurs, j'en rugirais
de colère, de rage, comme la lionne per-
dant ses petits, elles seraient abondantes,
sincères, pas dissimulées, pas comme celles
des caffards, mes larmes, mais véritables
comme les larmes de Napoléon, ce grand
homme, ce grand maître ; ce ne serait pas
des pleurs naturels qui sortiraient de mon
coup d'œil d'aigle, mais bien des pleurs
d'ire, de courroux de ne pouvoir pas réus-

sir, il y aurait des pleurs de sang, avec mon sang masculin, tout ce qu'il y a de plus masculin, je pourrai signer de mon sang versé le bulletin écrit de mon sang mâle, de ma main énergique, le bulletin de ma défaite de Waterlo. C'est toujours moi qui ai rédigé tous les bulletins de ma grande armée, et signé de mon sceau impérial et royal, à Moscou, à son incendie, et à celui du Kremlin, où ma fougue fut domptée, dans Moscou, ainsi que mon orgueil fut avili pour la première fois de mon existence, si Napoleon était abattu la seconde fois, oh ! Napoléon à Waterlo, deux défaites, à Moscou et à Waterlo, je briserais mon épée ; qu'importe, mon glaive fut vaincu deux fois, mon glaive fut inutile pour dompter, puisque ma honte le vit défait deux fois, je le jette sous mes genoux, je romps sous mes pieds, vaincu deux fois, glaive, va-t-en, oui.

Je me lamentais en dedans, pas en dehors, de mes frères d'armes français, comme moi je suis français, les envoyant en Sibérie, invention de la Russie. La noblesse française, rouée, réunie du Régent, n'est plus bonne à rien, le peuple français, français, bon à quelque chose, ami du bien, remplaça la noblesse française. Misérable, tremble sous la machine infernale de la rue de Rivoli ; il n'y a que les tyrans qui tremblent toujours, sans cesse, sur leurs trônes usés de débauches, dit Napoléon; l'honnête citoyen ne trembla jamais, comme Buonaparte ; l'amour, ce fut la vertu de Joséphine ; ce faisant, elle remplit honnêtement son devoir, après mon mariage avec Joséphine.

L'ARMÉE ENNEMIE.

La bataille commence avec nous, l'armée ennemie et l'armée française à Waterlo.

L'ARMÉE FRANÇAISE.

Ce mouvement de notre armée française est trop prématuré, il pourrait avoir des suites funestes pour le jour de Waterlo, si cette opération s'exécute, il nous compromettra comme à Iéna.

L'ARMÉE ENNEMIE.

Il nous manque l'armée prussienne, elle arrive avec leur général Blucher, ce renfort, des mal-entendus de l'armée française, c'est notre armée ennemie, qui gagna la bataille de Waterlo.

NAPOLÉON *se tue de son pistolet.*

Ce boulet pour moi, ils seraient heureux si je vivais ; appuyé sur ce roc, je disais à Cambronne, mon grenadier : Ma garde meurt toujours, ne se rend jamais ; en me tirant mon pistolet au cœur, je suis mort, oui.

FIN.

BIBLIOTHEQUE NATIONALE DE FRANCE

3 7531 03973052 9

www.ingramcontent.com/pod-product-compliance
Lightning Source LLC
Chambersburg PA
CBHW051341050726
47595CB00006B/2353